LE
DUC D'ORLÉANS

X. DE LUCHAPT

PARIS

RENÉ HATON, LIBRAIRE-ÉDITEUR

35, RUE BONAPARTE, 35

1890

LE
DUC D'ORLÉANS

PAR

X. DE LUCHAPT

PARIS

RENÉ HATON, LIBRAIRE-ÉDITEUR

35, RUE BONAPARTE, 35

1890

LE
DUC D'ORLÉANS

Vers onze heures, dans la nuit du 24 au 25 février, à Paris, après quelques jours de captivité, Monseigneur Louis-Philippe-Robert, duc d'Orléans, était réveillé à la Conciergerie par l'ordre brutal de ceux qui détiennent, aujourd'hui, le pouvoir. Il partait emmené lâchement, dans le secret, dans l'ombre; Il partait en remerciant le directeur et les gardiens « des bons soins qu'ils avaient eus pour lui »; Il partait victime de sa foi, de son amour, de son courage patriotiques.

Je viens honorer ce souvenir plein d'un si grand exemple; me joindre à tous les cœurs français qu'il fait battre, qu'il entraîne, qu'il donne au Prince pour l'escorter dans l'épreuve.

La France pour laquelle il a laissé prendre sa liberté, la France doit un spécial et éternel hommage à ce Fils qui lui apporte un tel témoignage, et qui laisse au milieu d'Elle, rehaussé par l'éclat de son rang, un modèle complet du devoir accompli. Quant à moi, pourquoi repousser le désir d'interpréter les sentiments qu'un acte si haut met dans nos âmes?... Non, rien ne me ferait décliner cet honneur. J'essaierai donc d'accomplir cette tâche difficile que mon cœur m'impose avec la sincérité et la délicatesse qui seules donnent son prix à l'éloge, avec la justice et l'admiration que commande l'acte héroïque de ce vrai patriote (1).

*
* *

L'épreuve est une loi.
L'épreuve est une pierre de touche.

(1) A onze heures quarante, le duc d'Orléans était dans la petite cour de la Permanence.

Là, stationnait déjà un landau attelé de deux chevaux... Au moment où le Prince se disposait à monter en voiture, il se tourna vers le groupe de personnes qui l'accompagnaient et dont faisait partie M. Lozé, le directeur de la Conciergerie, les gardiens, les agents du transfèrement à Clairvaux.

« Monsieur, dit le Prince au directeur, j'étais votre prisonnier ici, mais malgré cela, je me souviendrai toute ma vie des bons soins que vous aviez tous pour moi. »

En même temps le prisonnier remettait la lettre suivante à M. Gaude avec la somme de mille francs :

Monsieur le Directeur,

Je vous prie de vouloir bien distribuer au personnel de la Conciergerie la somme de mille francs ci-incluse, en remerciant de ma part chacun de ceux qui ont pris soin de moi.

Veuillez croire, monsieur le Directeur, que je suis très touché de la courtoisie extrême que vous avez apportée à mon égard dans l'exercice de vos fonctions.

Recevez, monsieur le Directeur, l'assurance de mes sentiments les plus distingués.

Duc d'Orléans.

Le duc d'Orléans monta alors dans la voiture, la place voisine de la sienne restait libre. La voiture sortit par la porte du dépôt sur le quai de l'Horloge et se dirigea sur la gare de Pantin, à huit kilomètres des fortifications... à minuit 16, le Prince arrivait à Pantin et à minuit quarante-deux le train entrait en gare et stoppait.

Le Prince et deux agents montèrent dans le coupé : à ce moment un curieux attiré par le va-et-vient du personnel empressé, se penche à la portière du wagon voisin et devinant le Prince plutôt qu'il ne le reconnut, cria de toutes ses forces :

— Bravo, Monseigneur !

Enfin,... à sept heures trente-quatre le train arrive à Clairvaux. *Le Figaro,* mercredi, 26 février 1890.

L'épreuve révèle l'homme, donne sa valeur; on ne sait jamais ce que vaut celui qui n'a pas été éprouvé.

« L'épreuve est *l'occasion offerte à un être libre de se sacrifier au devoir ou de sacrifier le devoir à soi-même* (1). »

Le peuple parle d'instinct; il a coutume de dire : l'occasion fait l'homme! il ne se trompe pas. Oter l'occasion c'est détruire le courage, la puissance, la gloire ; c'est anéantir la force, le génie. Ayez la valeur que vous voudrez si l'occasion vous échappe de la faire éclater elle ne vous sert de rien. Qui la soupçonnera jamais?

L'occasion commande nos qualités. « Elle est *un concours de circonstances indépendant de notre volonté, et nous obligeant à agir* (2).

Dans la soirée d'hier (3) une vive émotion s'est manifestée partout, dans les milieux politiques, dans les cercles, sur les boulevards, dans les rues.

« Que s'était-il donc passé? Un jeune homme de vingt et un ans était venu à Paris, pour réclamer son inscription sur le tableau de recensement militaire. Mais ce jeune homme s'appelle Philippe, duc d'Orléans. »

La détermination du jeune Prince a été absolument spontanée ; ni ses amis ni les chefs du parti n'en avaient été avisés ;...

(1) *Conférences de N.-D. de Paris*, par le R. P. Lacordaire, des frères prêcheurs, membre de l'Académie française. IIe conférence : *de l'Épreuve*, année 1850.

(2) *Conférences de N.-D. de Paris*, par le R. P. Lacordaire, des frères prêcheurs, membre l'Académie française. IIe conférence : *De l'Épreuve*, année 1850.

(3) La soirée du vendredi 7 février 1890. Mgr le duc d'Orléans partit de Lausanne avec le duc de Luynes le jeudi soir, 6 février, et prit le train de 4 h. 32 qui le mit à Paris le lendemain, 7 février à 5 h. 35 du matin.

« Le duc d'Orléans n'a pris conseil que de lui-même et de lui seul.

« Il a obéi aux inspirations du patriotisme puisé dans les traditions de sa race, avivé par tous les exemples qu'il a eus sous les yeux, rendu irrésistible par l'ardeur de la vingt et unième année.

« C'est l'âge où les Français sont astreints à payer leur dette envers le pays. Il n'ignore pas qu'une loi inique l'a dépouillé d'une partie de ses droits; mais a-t-elle pu l'affranchir de ses devoirs? Il ne pourra pas obtenir de grade dans l'armée, soit; mais est-il dispensé du service comme simple soldat?

« Et il vient simplement, résolument, demander à participer aux opérations du tirage au sort avec les hommes de sa classe. Peut-être l'arrêtera-t-on? il accepte cette éventualité, et hier soir, c'est le sourire aux lèvres qu'il a franchi le seuil de la Conciergerie.

« Bravo, Monseigneur ! vous avez porté à l'odieuse loi contre les Princes un coup dont elle ne se relèvera pas, si ce pays est demeuré celui du patriotisme, de la loyauté, de l'honneur et de l'égalité.

« Vous avez fait acte de Français. Bravo! Il y aura encore des Robert le Fort. Comme vous passiez hier sur le Pont-Neuf, dans la voiture qui vous conduisait à la préfecture de police, vous avez salué la statue d'Henri IV, le Béarnais vous a souri : il vous reconnaît pour un des siens, et les royalistes saluent à leur tour avec confiance votre virile jeunesse (1). »

Mgr le duc d'Orléans a comparu hier mercredi (2) evant la 8ᵉ chambre correctionnelle du tribunal de

(1) *Bravo, Monseigneur!* article du *Moniteur universel, Gazette nationale fondée en* 1789, dimanche, 9 février 1890.

(2) Le 12 février 1890.

la Seine pour infraction à la loi sur l'expulsion des Princes. Monseigneur répond par la déclaration suivante :

« Je suis venu en France pour servir comme simple soldat.

« Je ne fais pas de politique ; la politique ne regarde que mon père, dont je suis le fils respectueux et soumis, le fidèle serviteur.

« Je ne suis pas allé à la Chambre, mais au bureau de recrutement.

« Je savais à quoi je m'exposais, cela ne m'a pas arrêté.

« J'aime mon pays. Est-ce une faute?

« J'ai voulu servir la France au régiment. Est-ce un crime?

« Non.

« Donc, je ne suis pas coupable. Donc, je n'ai pas besoin d'être défendu.

« Je remercie cordialement mes conseils de leur dévouement et je leur demande de ne pas me défendre.

« J'ai appris dans l'exil à honorer la magistrature de mon pays. Je respecterai ses arrêts.

« Mais si je suis condamné, je suis sûr du jugement favorable des deux cent mille conscrits de ma classe et de celui de tous les braves gens. Ceux-là, j'en suis sûr, m'acquitteront (1). »

(1) *Note.* — Dans sa déclaration Mgr le duc d'Orléans déploie une parfaite raison, un sain et solide jugement, une vaste sagesse. Il n'y a pas un mot de trop, et pas un à ajouter. C'est sobre, prudent et ferme. — « *Je ne fais pas de politique ;* etc. » Ces paroles de réserve. d'effacement devant son père, qui partent d'un sentiment filial exquis et plein de bon sens, font le plus grand honneur à Mgr le duc d'Orléans ; elles montrent ce qu'il est, et ce qu'il vaut.

La loi du 22 juin 1886 est ainsi conçue :

Article premier. — Le territoire de la République est et demeure in-

Je lis dans le *Figaro* :

« Conclusion. »

« ... La Monarchie on la voyait enveloppée dans un

erdit aux chefs des familles ayant régné en France, et à leurs héritiers directs dans l'ordre de primogéniture.

ARTICLE TROISIÈME. — Celui qui, en violation de l'interdiction, sera trouvé en France, en Algérie ou dans les colonies, sera puni d'un emprisonnement de deux à cinq ans. A l'expiration de la peine, il sera reconduit à la frontière.

ARTICLE QUATRIÈME. — Les membres des familles ayant régné sur la France ne pourront entrer dans les armées de terre et de mer, ni exercer aucune fonction publique ni aucun mandat électif (1).

Maintenant arrive la loi militaire du 15 juillet 1889, plus récente par conséquent qui « dans son article 94 déclare que dès la mise en vigueur de cette présente loi *seront* et *demeureront abrogées*, la loi du 27 juillet 1872 sur le recrutement de l'armée *et d'une manière générale toutes les dispositions contraires à la présente loi.*

Et le ministre de la guerre dans son instruction du 4 décembre dernier, relative à l'appel des classes, stipule :

ARTICLE DIX-HUITIÈME. — Le fils de Français, qu'il soit né en France, ou à l'étranger, est tenu à se faire inscrire avec sa classe.

Au point de vue militaire, la situation du duc d'Orléans est donc très nette, il vient d'atteindre l'âge de vingt et un ans, par conséquent il fait partie de la classe qui tire en ce moment au sort et qui doit être appelée sous les drapeaux au mois de novembre prochain.

La nouvelle loi militaire a supprimé, en effet, toutes les exclusions du service militaire antérieurement appliquées.

Elle a édicté que tout Français doit le service militaire personnel, que cette obligation est égale pour tous (2). »

En réalité, Mgr le duc d'Orléans pouvait s'abriter sous le couvert de l'odieuse loi qui le proscrit; personne n'eût eu le droit de le blâmer, on eût pu seulement le plaindre. Mais il était plus brave et plus français de se conformer, malgré tout, aux prescriptions de la loi militaire nouvelle, et c'est, naturellement, ce que Mgr a fait, sans l'ombre d'une hésitation. Ce qui a fait dire éloquemment à M. de Cazenove de Pradine, à la Chambre des députés : « Il y a trois jours, dès le lendemain

(1) *Chambre des députés, séance du 10 février.* — *Le Moniteur universel,* le mercredi, 12 février 1890.

(2) *Le duc d'Orléans à la Conciergerie. Son avocat. Le Figaro,* dimanche, 9 février 1890.

Le duc d'Orléans, article de *** *le Correspondant,* du 25 février 1890; *L'audience d'hier,* article du *Moniteur universel;* vendredi 14 février 1890; voir : *le Gaulois, le Figaro, la Gazette de France, l'Univers, le Monde, le Soleil, l'Autorité,* etc., etc., du jeudi, 13 février 1890.

voile majestueux et immobile. Et voici qu'elle marche sous les traits d'un jeune homme hardi, un peu
imprudent, tels qu'ils plaisent aux Français.

« Le duc d'Orléans a bien mérité de sa cause (1). »

*
* *

La France traverse une période néfaste. Le duc
d'Orléans vit à une époque mauvaise, il est en exil.
Il ne peut servir son pays, lui donner sa vie comme
il le voudrait.

Un concours de circonstances, — ménagé par la
Providence, — l'arrache à ce sort cruel. La rencontre
heureuse se fait, l'occasion favorable à laquelle il
doit la popularité saine qu'il s'est désormais acquise,
surgit.

Nous avons les qualités et les défauts de notre race.
— Quelles ressources dans le cœur de la France ! —
Ardent, sensible, changeant, il vibre avec une facilité
merveilleuse à tout ce qui est juste ou héroïque.

de sa majorité, Mgr le duc d'Orléans est venu à Paris sans prévenir ni
les membres de sa famille ni ses amis politiques. Il a agi sous l'unique
inspiration de sa conscience,... gardant pour lui seul tout l'honneur de
sa généreuse témérité.

... Il savait que les jeunes gens de son âge étaient appelés à servir le
pays et lui, le descendant de la plus ancienne, de la plus illustre, de
la plus guerrière famille française... il n'a pu se résigner à ne pas être
soldat, il a rallié le drapeau, voilà tout : qui s'en étonnerait ? il est
Bourbon et il a vingt ans. » *Chambre des députés. Séance du 10 février. Le Moniteur universel*, mercredi 12 février 1890.

Mgr le duc d'Orléans a pensé qu'une loi générale atteignant tous les
Français devait l'emporter sur une loi d'exception. Il lui a semblé que
le droit et le devoir de servir la patrie étaient supérieurs à une loi ca-
pricieuse, à une loi d'un gouvernement proscripteur.

(1) *Le duc d'Orléans à la Conciergerie*, article de F. M. — *Le
Figaro*, dimanche, 9 février 1890.

Le peuple cherche ce qui est grand, il a le goût de
l'idéal ; son instinct l'entraîne vers tout ce qui est vrai,
noble et simple. Allez à lui tout bonnement, sans fierté
comme sans bassesse, parlez-lui de la patrie avec
chaleur et loyauté, mêlez devant lui, dans vos paroles
et surtout dans vos actes, les sentiments de devoir,
d'honneur et de dévouement, vous verrez son enthousiasme.

Comment eût-il été insensible à l'acte viril et décidé
du duc d'Orléans?... Depuis, il ne le voit plus que
comme lancé d'instinct vers les plus nobles audaces.
Comment le duc d'Orléans se présentant à lui avec cet
air d'aimable témérité qui le séduira toujours, ne
l'eût-il pas ému ?... Il est irrésistible dans son acte de
patriotisme formé d'un mélange délicieux de quelque
chose de juvénil et de mûr, de hardi et de grave, de
fort et de doux.

Si merveilleusement douée que soit une nature
d'homme, et à quelque haut rang qu'elle se trouve pla-
cée, si ardents que soient ses désirs d'être utile à sa
patrie ; quelque magnifique que soit envers elle la li-
béralité divine, quelque surprenants enfin que soient
ses dons, il en est un pourtant qu'ils réclament tous
parce que sans lui ils ne sont rien ; il les commande ;
seul, il leur permet de se manifester : c'est le don
d'une occasion qui appelle le dévouement et l'héroïsme et qui vient à propos.

En effet, n'est-ce pas l'occasion bien saisie qui écrit
la page glorieuse de notre vie?... N'est-ce pas elle qui
la signe ?... N'est-ce pas elle qui dans l'élan et l'explo-
sion qu'elle provoque révèle les forces cachées de notre âme?... N'est-ce pas elle qui nous grandit, parfois,
jusqu'à l'héroïsme ou la sainteté?... Elle nous met au

front l'étoile!... C'est elle qui, fixant à jamais dans les mains du duc d'Orléans le drapeau de la patrie pour lequel il vit et il souffre, vient de le montrer à la France. Elle l'enveloppe devant le monde entier dans les plis de ce drapeau comme en un vêtement glorieux.

Interrogez l'histoire des hommes destinés à jouer un rôle décisif dans ce monde, vous y trouverez le trait de l'occasion parfaitement marqué ; bien plus, et ce qui frappe davantage le penseur, c'est de le voir presque toujours en parfait accord avec le tempérament, l'éducation, les pensées et les actes de celui qu'il doit servir ; et cela, de telle sorte qu'il les couronne véritablement. La vie est une harmonie. Ce qui prouve bien à quel point Dieu veille sur chaque existence et avec quel art il lui prépare les événements suivant lesquels elle doit agir et remplir sa mission.

Et d'abord le don de l'occasion, ce don d'agir héroïquement et à propos comme il a été fait au brave duc d'Orléans!... Oui, il a été traité à la façon des plus privilégiés. Ce don jette un éclat sur sa jeune vie qui jusque là s'était écoulée tout entière dans le devoir, le travail, l'honneur et la dignité native, en inspirant à tous ceux qui en étaient les témoins la plus vive sympathie. Ce don résume et parachève tout un passé par la grandeur même de l'acte qu'il provoque, ambition de toutes les âmes fortes, généreuses et patriotiques.

Pourquoi cette faveur?

Pourquoi?

Pourquoi? je l'ignore,... ou,... pour parler plus franc, je le devine... Tout se tient et s'enchaîne dans la vie de l'homme, elle est un poème harmonique. La vie d'un peuple en est un autre plus considérable, plus immense, où se mêlent dans une trame savante les vies particulières de chacun ; la vie des hommes rassemblés produit la vie collective plus vaste d'une nation. L'Évangile, qui ne trompe jamais, nous affirme qu'il ne tombe pas un cheveu de notre tête sans la permission divine ; demandez-le donc à celui qui veille, à celui qui préside aux destinées des individus et des peuples ce pourquoi.

Pourquoi a-t-il voulu qu'au cœur de la France, dans Paris même, fût éprouvé le courage du jeune duc d'Orléans qui a fait un vrai pacte avec la bravoure ?... Pourquoi a-t-il voulu que le Prince si richement doué montrât publiquement et d'un coup ses précieuses et magnifiques qualités?... Pourquoi l'a-t-il descendu dans le creuset de l'épreuve?... L'histoire nous enseigne qu'elle a toujours été le signe avant-coureur de la victoire et du triomphe... Je sais que la munificence de Dieu est sans limite et que son amour pour nous, toujours délicat parce qu'il est sans mesure, se plaît à faire ressortir ses dons de choix. Mais, pour notre Prince, n'a-t-il pas encore d'autres motifs cachés?...

Nous ne découvrirons jamais toute l'harmonie qui existe dans les œuvres de Dieu parce que nos vues sont trop courtes pour en saisir tous les artifices adorables. Elle est leur empreinte. L'harmonie c'est de la vérité et de l'ordre mêlés ensemble. Elle doit être. Voilà pourquoi j'écrivais plus haut : ce qui frappe davantage le penseur c'est de voir l'occasion presque toujours en parfait accord avec le tempérament, l'éducation, les pensées et les actes de celui à qui elle est offerte ; et cela de telle sorte que l'acte qu'elle commande doit couronner véritablement tout un passé.

Eh bien, la jeunesse studieuse et le tempérament énergique du duc d'Orléans indiquaient sa conduite et prophétisaient sa résolution. L'acte qu'il a accompli et que tout homme de cœur, tout Français admire, il devait le penser, le vouloir, le faire. S'il en eût été autrement, il eût dérouté l'observateur ; car, rien, jusqu'à présent, dans sa vie qui ne soit parfaitement harmonieux.

*
* *

Il y a dans la nature si riche du duc d'Orléans un trait frappant qui met en saillie son caractère, c'est le courage. Durant toute son éducation il s'accuse constamment, dès son adolescence il fait déjà pressentir l'homme (1).

(1) Voici ce que je lis sur la jeunesse de Monseigneur le duc d'Orléans : « ... de tous les exemples qu'il avait sous les yeux, le plus frappant et le meilleur, certes, était encore celui du prince, son père.

« Profondément instruit, doué pour l'étude comme pour l'action, à la fois militaire et lettré, le comte de Paris suivait de près le travail de son fils, tout en composant sa belle histoire de la *Guerre civile en Amérique*, dans le *Study* où le jeune duc apportait le soir ses notes et ses devoirs à son père, il entendait parler de ces grandes luttes dont le comte de Paris déroulait alors le vaste récit. C'étaient les batailles de Williamsburg, de Fair-Oaks, de Gaines-Mill ; la retraite de l'armée du Potomac et la campagne des Sept Jours. Son père et son oncle, aides de camp du général Mac-Clellan, avaient pris part à ces manœuvres hardies, à ces sanglants combats. A Gaines-Mill, ils ramenèrent au feu les soldats du Nord un instant ébranlés...

« La plus grande partie de la jeunesse du duc d'Orléans s'est écoulée au château d'Eu, dans la compagnie de ses sœurs, la princesse Amélie, aujourd'hui reine de Portugal, et la princesse Hélène. Mère admirable, la comtesse de Paris surveillait l'éducation de ses enfants depuis la prière du matin, qui se faisait en commun, jusqu'à l'heure où chacun se retirait le soir. Soucieuse d'éveiller, de développer en eux tous les sentiments nobles, tous les goûts élevés, elle ne l'était pas moins de fortifier leurs organes et de leur faire un corps robuste au service de cœurs vaillants. Elle réglait elle-même le temps des promenades, des récréa-

Le courage!... Tout en lui le rend transparent. Sa tête d'un caractère si ferme, aux traits accentués et pourtant d'une suprême distinction, son front large et rayonnant, son œil plein de vigueur, de finesse et de bonté, son air sérieux et charmant le laissent aisément deviner. Qui a vu le duc d'Orléans, sa haute taille, sa grâce virile, son élégance correcte et tranquille comprend qu'il provoque infailliblement dans le peuple ce cri d'admiration : « C'est un Prince! » — Oui, et un Prince tel que les Français l'aiment.

Le courage perce dans ses actes. L'acte traduit la pensée, la manifeste, lui donne un corps, la fait un trait, trait qui va plus droit au but, qui atteint plus

tions, des exercices physiques. Le duc d'Orléans, comme un plant vigoureux, a poussé en plein air, en pleine campagne, étranger aux délicatesses, aux petits soins, aux serres chaudes de la grande ville. Les courses à pied, les courses à cheval, l'escrime, la natation et la gymnastique le reposaient des longues séances dans la salle d'étude. Et la chasse! Quel apprentissage de la fatigue! Quelle préparation au métier des armes! Quel plaisir viril! Oh! les belles chasses dans la forêt d'Eu! A quinze ans, le jeune prince était déjà un habile chasseur. Le capitaine Morhain lui avait donné des leçons de tir... A Chantilly, les chasses à courre à la poursuite du cerf. Au château d'Eu, la chasse à tir, la pêche...

« Cependant le duc d'Orléans a connu la vie de collège. Trois ans externe au collège d'Eu sous la direction d'un précepteur; deux ans externe au collège Stanislas, à Paris, il était fier d'être écolier, comme il eût été fier d'être conscrit... Et quand les premiers bruits d'expulsion décidèrent le comte de Paris à retirer son fils du collège, l'élève d'Orléans quitta, le cœur gros, ses maîtres et ses camarades.

« Il emportait du moins du collège une amitié qui l'a suivi en exil et qui l'en ramenait hier : l'amitié du duc Honoré de Luynes... Solide affection qui rapprochait, l'autre jour, sur les bancs de la police correctionnelle, les deux anciens camarades du collège Stanislas.

« Philippe, duc d'Orléans, fils aîné du comte de Paris naissait dans l'exil à Twickenham, le 6 février 1869. Mais deux ans après, il était en France : il y restait jusqu'à dix-sept ans et grandissait au milieu des souvenirs de sa famille qui se confondent avec les gloires mêmes de la nation. » *Le duc d'Orléans*, article de ***, *Le Correspondant*, 25 février 1890.

sûrement, qui pénètre plus avant que la parole. L'acte
permet à la pensée de demeurer, il la cisèle en quelque sorte. N'est-ce pas lui, en effet, qui la signe et qui
la scelle? Il m'est impossible de dérouler ici les pages
de la jeunesse de Mgr le duc d'Orléans et d'y suivre
pas à pas le caractère fondamental de courage qui
s'y révèle. Je me contenterai de ce trait délicieux que
j'ai lu avec une si vive émotion. Il peint une âme forte,
toujours en possession d'elle-même. C'est du courage
tout pur dont le signe souverain est l'indéfectible
possession de soi dans le péril extrême.

Écoutons le Prince Henri d'Orléans.

«... Lorsqu'on marche en ligne de bataille sur un
tigre, il est rare qu'il tienne tête : cela peut arriver
pourtant. Pendant notre expédition, il en est un qui,
se voyant acculé, a sauté sur l'éléphant du duc d'Orléans, en faisant courir à celui-ci les plus grands
dangers. Cet épisode est trop intéressant pour que je
l'omette.

« Le 26 mars, on nous annonce une tigresse et ses
deux petits dans une jungle que nous avons battue le
24.....

« Je me promets, cette fois, de ne pas entrer dans
le fourré. C'est moins beau de rester dehors, mais on
a plus de chances de tirer : soyons pratique!

« Nous avançons : on n'entend aucun bruit, et, n'é-
taient les éléphants qui marquent leurs craintes par
des coups de trompette répétés, ou frappent brusque-
ment le sol avec leur trompe, on ne se douterait guère
de la présence du fauve.

« C'est mon cousin qui pénètre; un éléphant né-
paulais le suit de près. La tigresse, aussitôt, accourt
droit vers moi; deux balles explosibles la font tourner.

La muraille d'éléphants tient ferme. La bête alors se jette de côté et reçoit le même accueil du colonel ; sa fureur ne connaît plus de bornes : c'est donc en vain qu'elle a brisé une fois de plus la vivante enceinte ? Ses ennemis sont impitoyables ! Elle se retourne et voit l'éléphant du duc d'Orléans qui marche vers son gîte : on ne se contente pas de l'assiéger, on veut la forcer ! au moins ne sera-ce pas impunément ; si elle doit mourir, elle vendra chèrement sa vie. Elle s'élance sur l'éléphant de Philippe, saisit la paroi de l'howdah et s'y accroche avec ses griffes..... mais tout conspire à la trahir : le côté de l'howdah cède et elle retombe. Mon cousin, tirant un coup de fusil sans trop savoir où, se cramponne à l'arrière de l'howdah ; son éléphant s'affole et, la trompe tendue en avant, part au galop. Le duc d'Orléans a son fusil brisé en deux contre une branche, il reste suspendu je ne sais comment à l'arrière. Heureusement l'éléphant s'arrête en rejoignant les autres et mon cousin glisse à terre (1). »

Avez-vous remarqué pendant ce drame l'attitude du jeune Prince ? « Immobile, les mains sur son fusil, il tient en respect la bête furieuse, lorsque celle-ci, par ses efforts, détachant une paroi de l'howdah, retombe tout à coup avec elle et bondit à travers la jungle. Le sang-froid du duc d'Orléans l'avait sauvé. Le comte de Paris, racontant cet épisode à un ami, se contentait de lui écrire : « Mon fils s'est trouvé aux prises avec une tigresse (sans métaphore), il s'est tiré du péril à son honneur (2). »

(1) *Six mois aux Indes. — Chasses aux tigres*, par le prince Henri d'Orléans. — *Chasses au Népaul.*
(2) *Le duc d'Orléans*, par ***. *Le Correspondant*, 25 février, 1890.

Le courage est naturellement soldat. L'âme brave va de soi vers la vie militaire. La carrière vers laquelle le duc d'Orléans avait dirigé tous ses efforts se fermait par les lois d'exil tout à coup devant lui. Il était exclu de Saint-Cyr et de la France (1).

« Et, pourtant il voulait porter l'épée ; il voulait faire son apprentissage de soldat. C'est alors qu'il tourna ses regards vers le Saint-Cyr de l'Angleterre : Le comte de Paris résolut de faire entrer son fils à l'école de Sandhurst (2). »

(1) Elle est ici tout à fait à sa place cette remarque si juste de Mme la comtesse de Mirabeau : «..... A cette époque les faits d'armes des cinq fils de Louis-Philippe tenaient dans les journaux, la place de l'article « Mondanités », et même les gens hostiles à l'état des choses suivaient avec intérêt leurs expéditions. »

. . . .

Mais, en jetant en arrière un coup d'œil sur le passé disparu, une réflexion plus sérieuse s'impose, et il est impossible de ne pas reconnaître que si, en 1870, tous ces vaillants princes et leurs fils avaient été dans l'armée, cette armée qu'ils aimaient tant eût été prête à recevoir le choc formidable de l'Allemagne, et nos soldats n'auraient pas marché à l'ennemi sans munitions, sans vêtements, sans chaussures.

On pouvait abuser de la confiance et de la crédulité de Napoléon III, fatigué, vieilli et malade, tandis qu'un souverain ayant pour généraux ses oncles, son frère, ses cousins, aurait connu son armée comme un colonel connaît son régiment. »

Louis-Philippe et le prince de Talleyrand, par Mme la comtesse de Mirabeau, *le Figaro*, *Supplément littéraire*, samedi, 8 mars 1890.

Note. — Pour se faire une idée de l'attachement dés princes à l'armée, il faut lire l'ouvrage si instructif et si intéressant intitulé : *Duc d'Orléans*. — *Récits de campagne* 1833, 1841, publiés par ses fils, le comte de Paris et le duc de Chartres. — Ce livre devrait être dans toutes les familles françaises.

(2) « L'école de Sandhurst (*Royal military College*) est située à 35 milles environ au sud-ouest de Londres, non loin d'Aldershot et de Farnborough, dans un pays de landes et de bruyères, au milieu d'un grand parc planté de pins, de rhododendrons et de mélèzes. Une vaste construction, de style grec, y développe ses colonnades sur un large espace, devant une esplanade où dorment quelques canons et une pelouse où les cadets jouent au *foot-ball* pendant l'hiver. L'École loge trois cents cadets et les officiers qui les instruisent. En 1887, le gou-

« Les cours étaient sérieux et tout d'application. L'enseignement pratique de l'école convenait aux goûts du jeune Prince et ne contrariait pas ses habitudes. Un matin, on l'armait d'une pioche et d'une pelle, pour creuser un fossé et construire un retranchement. Un autre jour c'était un gabion qu'il devait faire ; un pont qu'il fallait jeter.

« ... Vie active, jeux virils, *athletic sports :* ce régime forme des troupiers et des hommes. « Jeunes hommes, disait un officier, souvenez-vous que vous appartenez à une armée dont la devise est de craindre Dieu et de faire 100 kilomètres en cent heures. »

« Le duc d'Orléans passa son examen final avec succès et sortit de l'école avec le grade de lieutenant.

« Il n'a pas de brevet d'officier. Pour être officier de l'armée anglaise, il faut être sujet anglais. Prince français, le duc d'Orléans ne pouvait pas, ne voulait pas, en sollicitant un brevet d'officier, paraître abdiquer sa nationalité. Mais, par une gracieuse décision, Sa Majesté la reine Victoria l'a autorisé à porter l'uniforme du King's Royal Rifle et à servir sans brevet, avec une commission verbale, il doit faire le service de lieutenant dans le bataillon du King's Royal Rifle, qui tient garnison à Chakrata, c'est sur les hauteurs de l'Himalaya. Le climat n'est pas beau ; le service est rude. *Never mind, go on.* Le Prince accepta de bon cœur les exigences de sa nouvelle condition. Nul lieutenant n'est plus exact, plus vigilant, plus discipliné. »

«... Enfin, il est attaché à l'état-major de sir Fré-

neur était le général Anderson, qui parlait français comme un Français, et qui gouvernait son école avec la fermeté d'un soldat et le tact d'un homme du monde. » *Le duc d'Orléans,* article de ***. — *Le Correspondant,* 25 février 1890.

déric Roberts, commandant en chef de l'armée des Indes. Sur quinze mois de séjour aux Indes, le duc d'Orléans compte onze mois de service militaire non interrompu.

«... Le duc d'Orléans montrait le même sang-froid en s'exposant aux éclats d'obus pour suivre et juger de plus près des exercices de tir. Mais la qualité maîtresse qu'il a révélée, celle qui a frappé les officiers les plus expérimentés, c'est le coup d'œil sur le champ de manœuvres, c'est l'intelligence, l'instinct et la mémoire du terrain. Il a le sens de l'orientation. Pendant les manœuvres de cavalerie, lorsqu'il avait des ordres à porter, il trouvait toujours, par le chemin le plus court, le régiment qu'il devait atteindre. Et cela, dans un pays de plaine, uniforme et sans point de repère. C'est le témoignage que lui rendaient les officiers de l'armée des Indes (1). »

J'ai transcrit tout ce passage, parce qu'il nous montre le travailleur obstiné. Le travail est un signe de courage. Le travail est de la force. Le duc d'Orléans y apporte une âpreté précoce que rien ne rebute.

Aussi, l'acte héroïque qu'il a accompli sous nos yeux avec tant de simplicité et de bonne grâce ne me surprend point. Je ne suis pas étonné qu'il ait couronné ce passé laborieux.

Le courage à outrance fait le héros. Il y a des âmes que la difficulté excite, qu'elle ne vainc jamais : on les opprime vainement. Rien ne les abat, rien ne les brise. Elles se tiennent toujours debout,

______

(1) *Le duc d'Orléans*, article de ***. *Le Correspondant*, 25 février, 1890.

jusque dans la prison. La prison n'étouffe pas la volonté.

L'acte énergique du duc d'Orléans est bien dans
la note de sa nature vaillante. Il répond à son
instinct, à sa passion de la France. Il honorera toute
sa vie. C'est beau d'endurer une peine pour un effort
dont la patrie est l'objet; c'est beau de se signa-
ler dans un acte qui ne sied qu'aux âmes les plus
fortes; mais, surtout, c'est beau de pâtir pour lui.

L'épreuve est nécessaire aux natures d'élite; elle
les parfait. Les anciens le savaient. C'est par l'é-
preuve que Dieu d'ordinaire développe, complète et
mûrit les hommes de la catégorie du jeune duc d'Orléans, les hommes forts. L'épreuve fait le héros.

Le duc d'Orléans doit subir plus violemment que
beaucoup l'attrait de la patrie et le besoin de s'y
sacrifier. J'aime les caractères de la trempe de ce
fier patriote. On y découvre tant de sagesse réfléchie,
tant de volonté délibérée, tant de force contenue.

Conscient de la richesse de ses facultés, conscient
de son mâle courage, conscient du devoir de chacun
de faire rendre à sa nature tout ce qu'elle peut;
plein de foi dans la réussite du travail, dans le
succès de la valeur et dans la justice de sa cause, je
le vois sur la terre étrangère regarder du côté de la
France qu'il ne peut servir, mettre la main sur son
cœur et s'écrier avec désespoir : « Pourtant, il y a
quelque chose, là (1)! »

Attendez un moment; l'aiguillon qui le presse va
le faire bondir dans la voie héroïque. La France,
l'Europe, le monde entier saisis d'admiration vont

(1) Paroles d'André Chénier.

battre des mains en le voyant franchir tout obstacle pour se dévouer à sa patrie. Les Empereurs et les Rois doivent envier le père d'un tel fils!

*
* *

Arrivons à « *l'occasion offerte au duc d'Orléans de se sacrifier au devoir* (1), » *au concours des circonstances indépendant de sa volonté, et l'obligeant à agir* (2).

Nous y voilà :

La loi d'expulsion, l'exil (3). Je la mets en tête. Aurions-nous connu sans elle la hardiesse généreuse et puissante du jeune duc d'Orléans venant réclamer sa place dans l'armée française? Elle fut cette circonstance indépendante de la volonté du Prince et qui l'a disposé à agir. Elle a rendu possible le brillant conscrit.

Le résultat des lois d'expulsion a toujours été de faire résonner davantage la fibre patriotique dans l'âme de ceux qu'elles atteignent; de leur donner une liberté pleine et entière d'action, — qu'ont-ils à ménager désormais? — et de resserrer les liens qui attachent à eux. L'exil épure le dévouement.

Pour qui veut voir, l'intelligence supérieure, la volonté souveraine, l'amour désintéressé de la patrie, ont rendu nos Princes exilés bien supérieurs à l'épreuve. Elle leur a communiqué un redoublement d'énergie, et ils se sont fait, à force de vouloir, un courage calme et puissant, disposé au choc

____

(1) Définition de l'épreuve.
(2) Définition de l'occasion.
(3) Loi votée en 1886, la triste nouvelle parvenait au château d'Eu, le 21 juin et le 24 juin 1886, les princes s'embarquaient au Tréport.

et à la résistance. L'épreuve grandit quand elle n'abat pas. L'épreuve n'abat que celui qui refuse de vaincre. L'homme est vainqueur quand il le veut.

La nouvelle loi militaire (1), dont les exigences sont telles que le patriotisme éclairé n'a rien à voir avec elle; loi mauvaise, qui frappe le pays dans sa grandeur intellectuelle et religieuse; loi de sectaires, dont le but n'est autre que d'atteindre l'Église. Les hommes les plus éminents du pays, quels que soient d'ailleurs leurs sentiments religieux, en ont écrit et parlé maintes fois, et ils s'expriment avec un accent qui révèle, à ne pouvoir s'y méprendre, la crainte intime et la persuasion raisonnée qu'ils ont des conséquences néfastes de cette loi. Elle est fausse et malfaisante comme tout ce qui vient de la haine. Bref, elle est tellement absolue que le Prince s'est appuyé sur elle pour franchir la frontière, et il l'a invoquée avec beaucoup d'élévation, de sincérité et de justesse, devant le tribunal appelé à juger sa cause. Cette loi qui abolit toutes les autres tient la première place dans le concours de circonstances qui a obligé le Prince à agir. Elle a fait le brillant conscrit. Commencerait-elle à se retourner contre ceux qui l'ont inventée?

Chez nous, qu'est-ce qui a révélé le duc d'Orléans? L'occasion.

L'occasion, pour lui, c'est que, en descendant de l'éternité sa vingt-et-unième année a trouvé tout, tout prêt pour l'accomplissement d'un acte glorieux. L'occasion, c'est les deux lois dont j'ai parlé. C'est la jeunesse, la beauté, la bravoure, la générosité et

______

(1) Loi votée par la Chambre le 15 juillet 1889.

l'amour du Prince pour sa patrie, tout cela s'est rencontré au même point et juste à temps.

Monseigneur le duc d'Orléans a saisi l'occasion avec une dextérité et un art sans pareils. On en est émerveillé.

Et puis, comme tout le sert.

Il n'y a pas jusqu'au gouvernement qui, par une ironie du sort, ne travaille à sa popularité grandissante. « Un jeune Prince, écrit M. de Mazade dans la *Revue*, un jeune Prince, à la hardiesse généreuse et séduisante, a suffi pour troubler leur sang-froid depuis la première jusqu'à la dernière heure.

« Eh! sans doute, elle a mal commencé, elle finit plus mal encore, cette étrange affaire où, pour n'avoir pas eu au début une idée nette, un peu de résolution, on a été entraîné de faute en faute, sans qu'on soit arrivé au bout. Et s'il en est ainsi, c'est qu'il n'y a pas eu un gouvernement ayant le sentiment vrai et politique des choses, sachant se dégager des petitesses de parti et accepter sans faiblesse la responsabilité d'un acte de prévoyance. On s'est exposé à s'entendre dire brutalement par un journal anglais qui n'est même pas des plus hostiles, le *Times*, que décidément « un homme d'État ne s'improvise pas plus qu'un cordonnier et que pour être capable de gouverner une nation un long apprentissage est aussi nécessaire que celui qu'on demande à ceux qui sont chargés de confectionner une paire de bottes. » La comparaison n'est peut-être pas des plus relevées; elle n'est que plus significative. Assurément, s'il y avait eu dès l'origine un gouvernement, il aurait aussitôt jugé de haut cet incident inattendu; il ne lui aurait pas laissé le temps de grandir, il en aurait fini dès le premier soir en ramenant à la frontière le brillant conscrit qui venait réclamer sa place dans l'armée française... On a laissé s'engager un procès qui était déjà une complication et M. le duc d'Orléans s'est naturellement montré ce qu'il est, un jeune homme au cœur ému de patriotisme, impatient de servir son pays, risquant avec une bonne grâce chevaleresque sa liberté. Il n'a pas marchandé avec ses juges, il s'est livré tout entier avec la franchise de ses vingt ans. La condamnation a été prononcée : c'était encore une occasion d'en finir. On n'a pas osé... rendre la liberté à un jeune homme coupable d'avoir voulu être un soldat de la France.

«... En gardant son prisonnier, le gouvernement n'a pas diminué ses embarras; il n'a fait, au contraire, que les augmenter en donnant à l'acte d'une jeunesse hardie le prestige de l'épreuve, de la captivité, et en se mettant lui-même dans une situation sans issue... (1). »

L'acte du duc d'Orléans, comme tout ce qui est vraiment beau, défie la critique, est simple et profond.

Blâmer un jeune homme de chercher à servir son pays sous les drapeaux, ce n'est pas français.

« Le duc d'Orléans commence sa vie par un acte qui ne ressemble à aucun autre, dans l'histoire de sa race. A vingt et un ans, lui qui était hier encore dans toute la poétique obscurité de la jeunesse, il mérite que son père s'écrie : « Il est déjà une force! » le parti royaliste : « C'est un prince digne de son avenir! » La foule : « C'est un homme! »

« Le sentiment public, sinon l'opinion publique,

(1) *Chronique de la quinzaine*, par M. Ch. de Mazade, de l'Académie française. *Revue des Deux-Mondes*, 1er mars 1890.

est avec le duc d'Orléans », a dit, ni sans raison, ni sans subtilité, un républicain perspicace, presque impartial. Ce qui est sûr, c'est que le nom du duc d'Orléans a pénétré jusque dans le cœur du peuple. Pourquoi cette popularité soudaine? Le secret en est très simple. Le duc d'Orléans a fait une de ces choses que le peuple sent et comprend sans peine. Quitter le foyer pour la caserne, c'est un grand événement dans la vie du paysan, de l'ouvrier; voilà pourquoi il considère comme un grand acte l'empressement aussi noble que hardi du duc d'Orléans. Lui, qui est Prince, il veut être soldat, comme n'importe qui; il sollicite le droit de servir comme un honneur qu'il doit partager avec tous les jeunes gens de son âge. Exilé, il rentre secrètement en France, pour s'incorporer dans un régiment. Libre de se retrancher derrière le décret qui l'a proscrit et de demeurer oisivement par delà la frontière, il accourt, dès le premier jour de sa vingt et unième année, pour participer avec tout le monde au service militaire; il vient en volontaire, et non seulement en conscrit; il vient comme pour forcer la loi qui ne l'appelle pas. Les autres obéissent à la loi qui les prend; lui, il viole la loi qui ne le prend pas; il se révolte contre la loi d'exil, pour se soumettre à la loi de recrutement. Tout cela, le peuple l'a bien vu et tout cela devait éveiller sa sympathie, exciter son admiration même. Il aime les vaillants, le peuple; il aime ceux qui sont téméraires dans le devoir et qui l'accomplissent, le front haut et gaiement. Il applaudit aux Princes qu'attire la démocratie du service militaire, loin qu'ils s'en détournent. Cette égalité qu'ils revendiquent sous le drapeau, à la caserne, devant l'ennemi, lui est agréable et le flatte. Il loue, sans arrière-pensée, un fils de roi qui aspire à être l'égal du plus petit soldat; comme le fils du laboureur et de l'artisan. Et encore aperçoit-il dans le cas du duc d'Orléans une différence qui honore le jeune Prince : c'est que, pendant les trois ans qu'il servira, il restera simple soldat, il n'aura pas même l'avancement du premier venu qui sert bien, il ne portera jamais sur sa tunique le galon de laine ou d'or, comme tel de ses voisins les plus humbles; et néanmoins, cette inégalité du traitement dans l'égalité du service, il la demande avec une ardeur jalouse. Eh bien! la France ne serait plus la France, avec ses instincts et ses traditions, si cette générosité du duc d'Orléans n'avait ému la foule, non seulement jusque parmi cette masse qui n'est d'aucun parti, à proprement dire, mais jusque parmi les partis qui sont le plus étrangers ou le plus hostiles à la cause de la monarchie. »

. . . .

« Qu'a fait le duc d'Orléans? il est venu, non pas afficher une prétendance, mais subir une obligation, s'acquitter d'un devoir; non pas pour son rôle de Prince, mais prendre, pour la défense du pays, son rang de soldat et de patriote (1). »

L'acte du duc d'Orléans est une expression de l'amour patriotique. Aussi pourra-t-on en parler tant que l'on voudra sans épuiser jamais ce que l'on peut en dire; l'amour de la patrie défie le génie lui-même.

Il est temps de conclure cette étude si attrayante par elle-même, et que, l'infirmité de mon talent seule a pu rendre trop longue peut-être. Ce qui se dégage d'abord de ce qui vient d'être exposé, c'est que la

(1) *Chronique politique,* par M. Auguste Boucher. *Le Correspondant,* 25 février 1890.

démarche du duc d'Orléans, comme son héroïsme, a suivi un cours très régulier, et qu'il ne s'y produit rien de pénible et de heurté. L'action du Prince est d'une logique merveilleuse, elle sort d'un passé très court, mais où les actes de courage s'enchaînent et sortent les uns des autres en grandissant toujours, et, finissent par aboutir à l'action sublime de patriotisme que tous ont admiré. Je crois qu'il y a peu d'exercice plus sain et meilleur pour l'esprit de la jeunesse française que d'étudier et de suivre les diverses phases du développement du courage dans l'âme de Mgr le duc d'Orléans : nulle part elle n'apercevra plus clairement la liaison de la cause avec son effet, et des principes avec leurs conséquences. En écrivant cela, je n'exagère rien. Je ne flatte pas non plus, je rends hommage au travail, à l'effort fait sans relâche pour développer une intelligence supérieure, une volonté énergique et qui sait être maîtresse d'elle-même.

Je viens de lire, d'une seule traite, ce que l'on a écrit, ces jours-ci, sur Mgr le duc d'Orléans, et j'en garde une impression très forte. Quel grand exemple pour la jeunesse française que ce Prince!... comme son élan et sa bravoure la font tressaillir!... Que c'est beau un cœur français à vingt ans!...

On l'a écrit : « Il est le Prince de la jeunesse!... Elle se retrouve et s'applaudit dans le duc d'Orléans. « Rompu de bonne heure à la vie pratique, il ne craint ni la fatigue ni le danger. Il aime l'action, il la recherche, il a le feu sacré. Son ardeur n'est pas l'enthousiasme avec ses fièvres, ses emportements et ses défaillances : il se possède, il se domine; il a le nerf de l'esprit, le sang-froid et la persévérance. C'est un silencieux, Me Rousse l'a dit ..... Dans les affaires sérieuses il sait écouter et se taire. Mais ce silencieux n'est pas un taciturne. Demandez à ses camarades avec quelle bonne humeur il cause, avec quel entrain il plaisante, avec quelle verve il riposte : il a la réplique soudaine, le trait juste, l'esprit d'à-propos : il a le mot vif et parisien. C'est un Français, c'est le sang d'Henri IV (1). »

La République condamne Louis-Philippe-Robert, duc d'Orléans, à deux années d'emprisonnement.

Les deux cent mille conscrits de sa classe l'acclament.

Le sentiment public l'absout.

La France généreuse le salue, bat des mains, et lui crie : Bravo !

M. de Lamarzelle, élevant la voix à la Chambre des députés : « Ce n'est pas le duc d'Orléans que nous plaignons ici. Il recevra une compensation suffisante à la liberté dont il sera privé : il combat pour la plus sainte cause qu'il y ait en ce monde. C'est vous que nous plaignons, vous qui allez le punir pour un acte qui, dans ce pays resté chevaleresque... pour un acte auquel tout Français applaudira ; et quant à nous, nous répéterons au peuple la belle parole de son aïeul... nous lui montrerons cette prison et nous saurons lui dire : c'est là qu'est la fortune de la France (2)! »

L'illustre avocat Maître Rousse a trouvé le mot de la situation ; il a exprimé la pensée du pays en s'adressant aux juges du Prince : « Je suis sûr qu'il n'en est pas un d'entre vous qui ne se dise : J'aimerais mieux avoir à le défendre qu'à le juger ! »

---

(1) *Le Duc d'Orléans*, article de *** ; *le Correspondant*, 25 février 1890.

(2) *Chambre des députés. — Séance du 10 février. — Le Moniteur universel*, mercredi, 12 février 1890.

Le Prince sort grandi de cette condamnation; elle le met en plein peuple, où elle en fait un idéal... elle provoque la légende cette force immense, irrésistible... Les êtres et les choses grandissent quand on les regarde de l'imagination à travers l'auréole de l'épreuve. On sent que la légende, fille du peuple, se forme autour de Lui.

L'âme énergique du duc d'Orléans a dû ressentir dans cette condamnation une âpre satisfaction. Est-ce qu'elle n'y a pas deviné, aussi, le motif d'une légitime et suprême influence? Il est très louable et très beau de parler de la patrie et de travailler pour elle, mais quoi que l'on puisse dire et quoi que l'on puisse faire, tant qu'on n'a pas souffert pour elle on peut davantage. La souffrance sanctionne les paroles, les convictions et les efforts; rien au monde n'égale sa puissance. Mgr le duc d'Orléans a eu ce bien supérieur, cette ressource enviée de tant d'hommes de cœur, d'arriver à souffrir pour sa patrie, Dieu lui a fait ce don splendide.

Et l'avenir!

L'avenir?

Quel mot!

Le passé n'est plus, le présent s'évanouit à l'instant même où on croit le saisir. L'avenir!... où nos espérances aiment à se réfugier, auquel nous redemandons la réparation nécessaire, la liberté ravie, la grandeur perdue!

Il y a de l'espérance dans l'avenir, de l'espérance dans la vie : c'est une partie de la vie elle-même. Ce sentiment nous envahit quand nous regardons du côté de l'horizon, ce qui est grand et beau, héroïque et sublime l'éveille en nous. Le Prince l'a ravivé.

L'avenir!... c'est la vie, le courage, la victoire!... c'est tout! Quel rayon de lumière jette dans ses abîmes l'acte patriotique du Prince!... Il m'apparaît comme un éclair dans ce fond noir!..

L'avenir!.. Que la France humiliée cherche à le pénétrer!.. que la France chrétienne courbée et persécutée se tourne vers lui !... Elle ne périra pas, — on le sent. — Aussi, comme on attend!... comme on espère!..

L'avenir!

C'est, aujourd'hui, l'espoir de tous les braves gens en France, de tous les vrais patriotes, de tout ce qui est bon et honnête, de tout ce qui cherche le vrai et le bien; de tout ce qui s'inquiète de l'élévation et de la gloire de la patrie.

L'avenir!...

Il me rappelle ces vers du poète à l'empereur Napoléon Ier :

> Non, l'avenir n'est à personne !
> Sire, l'avenir est à Dieu (1) !

Oui, c'est bien cela, l'avenir est à Dieu !

Dieu aime la France !

Dieu aime nos Princes!...

Que de sympathies a éveillées l'acte du duc d'Orléans!... Que de cœurs français il a saisis!.. Que de dévouements il a fait éclore!... Les dévouements!... ils ne manqueront jamais aux descendants de nos rois (2).

----

(1) *Les Chants du Crépuscule*, de Victor Hugo, de l'Académie française, II.

(2) « Nos espérances monarchiques peuvent être... retardées;..... par le caprice des événements et l'injustice des hommes; mais au moins nous avons un avantage, un programme net et positif qui n'a pas besoin de s'appuyer sur des hypothèses. Une race royale, où le *quoique*

C'est l'honneur des âmes françaises d'en avoir toujours fourni, et des plus purs. A l'heure qu'il est, il y en a que le monde connaît et admire, il y en a d'autres aussi, et beaucoup, de cachés, d'inconnus que l'on ne voit pas, ils sont bien précieux ceux-là, car ils sont la masse. C'est le privilège de cette grande race de savoir en inspirer toujours de nouveaux.

Une cause capable, durant un siècle, de susciter à sa défense une phalange d'élite qui sait souffrir, s'exiler et mourir est bien près de vaincre. Rajeunis par ce que les idées modernes ont de vrai, de bon et de beau, nous redeviendrons dignes de notre grand passé, de nos aïeux et de nos rois. Oui, en dépit de tous les obstacles, cette résurrection se fait peu à peu. Les étapes en sont marquées par les dévouements de ses serviteurs fidèles que rien n'a lassé! et, au milieu d'eux, on aperçoit debout, jeune, rayonnant et intrépide le duc d'Orléans qui a l'inappréciable don, l'insigne honneur et la magnifique fortune de souffrir pour cette cause sacrée, salut de la patrie régénérée.

de M. Dupin est devenu le *parce que* de tout le monde ; des modèles de bravoure, de libéralisme sincère et de patriotisme *quand même ;* des physionomies essentiellement françaises ; la certitude que ces princes, en remontant sur le trône ou sur ses marches, nous rendraient la dignité au dehors, le repos au dedans, et en finiraient avec un régime de ruine et de honte, c'est une réponse de quelque valeur au découragement et aux ironies de ceux qui se déclarent désabusés pour se dispenser de vouloir et d'agir. En dehors de cette solution, que voyons-nous? des conjectures, et rien que des conjectures ; l'*Exoriare aliquis* appliqué à qui? à un inconnu, à un être qui n'existe pas, à un libérateur apocryphe, à un héros anonyme. » *Deux Livres jumeaux,* par le comte A. de Pontmartin, I. *Le Correspondant,* 10 mars 1890.

Paris, le 19 mars 1890.

Typographie Firmin-Didot. — Mesnil (Eure).